Vineta und die versunkene Kultur der Ostsee:
Im Fokus der Forschung

FSC
www.fsc.org
MIX
Papier aus ver-
antwortungsvollen
Quellen
Paper from
responsible sources
FSC® C105338

Herold zu Moschdehner

Vineta und die versunkene Kultur der Ostsee:

Im Fokus der Forschung

Bibliografische Information der Deutschen Nationalbibliothek
Die Deutsche Nationalbibliothek verzeichnet diese Publikation in der Deutschen Nationalbibliografie; detaillierte bibliografische Daten sind im Internet über http://dnb.d-nb.de abrufbar.

ISBN: 978-3-7693-1086-3

Copyright (2024) Herold zu Moschdehner
Verlag: BoD · Books on Demand GmbH,
In de Tarpen 42, 22848 Norderstedt
Druck: Libri Plureos GmbH, Friedensallee 273, 22763 Hamburg
Alle Rechte bei dem Autoren.

12,99 Euro

Vorwort

Vineta – die Stadt, die in der Tiefe der Ostsee ruhen soll, verborgen in einem Labyrinth aus Gezeiten, Mythen und jahrhundertealten Geschichten. Seit Jahrhunderten hat die Legende von Vineta die Fantasie von Historikern, Abenteurern und Geschichtenerzählern beflügelt. Ist es möglich, dass eine Stadt so prachtvoll und fortschrittlich wie Vineta tatsächlich existierte? Oder ist sie lediglich ein Symbol für den Hochmut und den Verfall, der jedem menschlichen Streben innewohnt? Dieses Buch ist mehr als nur eine Sammlung von Fakten, Theorien und Forschungsergebnissen. Es ist eine Reise – eine Expedition in das Reich des Möglichen und Unmöglichen, in die Grauzone zwischen Realität und Mythos. Die Erzählungen und Entdeckungen, die hier dokumentiert sind, spiegeln den jahrhundertealten Drang wider, das Geheimnis von Vineta zu lüften, und sie laden ein, das Unbekannte zu erforschen, ohne es jemals ganz zu begreifen.

Das Wissen, das wir über Vineta zusammengetragen haben, zeigt, dass manche Geheimnisse die Zeiten überdauern, ohne dass sie vollständig enthüllt werden. Vielleicht ist es das Rätsel selbst, das Vineta am Leben hält – ein Rätsel, das immer wieder Forscher und Träumer auf der Suche nach etwas Größerem anzieht. Die Funde und Entdeckungen, die wir heute machen, lassen uns glauben, dass wir nah dran sind, und doch scheint die Wahrheit stets einen Schritt vor uns verborgen zu bleiben.

Dieses Buch ist eine Einladung, in die Tiefen der Geschichte und in die Schatten der Ostsee hinabzutauchen. Mag sein, dass Vineta noch immer in der Dunkelheit des Meeres auf uns wartet, ein Hauch von Ewigkeit und das Echo vergangener Zeiten, die vielleicht nie ganz zu uns gehören werden. Doch solange der Glaube an Vineta lebt, wird die Stadt – real oder nicht – in den Herzen der Menschen weiterbestehen. Vielleicht wird eines Tages jemand mutig genug sein, die Reise zu beenden und das Rätsel zu lösen. Bis dahin möge dieses Buch Ihnen ein Begleiter sein auf der Suche nach einem Geheimnis, das weder Zeit noch Tiefe wirklich preisgeben will.

Kapitel 1: Die Sage um Vineta

Die Legende von Vineta – einer Stadt, die so prachtvoll und sagenumwoben war, dass sie als das „Atlantis der Ostsee" gilt – ist eine der faszinierendsten Geschichten der norddeutschen Folklore. Die Sagen ranken sich um eine blühende Handelsmetropole voller Glanz und Reichtum, ein Ort, an dem das Leben pulsiert und die Küsten der Ostsee erstrahlen ließ. Aber Vineta war mehr als nur eine Stadt; sie wurde zum Symbol für Hochmut und göttliche Strafe und zieht bis heute Forscher, Historiker und Abenteurer in ihren Bann.

Die Pracht von Vineta – Stadt der tausend Wunder

Man sagt, Vineta sei eine Stadt gewesen, deren Wohlstand in ganz Europa seinesgleichen suchte. Die Bewohner Vinetas führten ein Leben im Überfluss, die Straßen waren gefüllt mit kostbaren Waren, und die Märkte boten Schätze aus allen Himmelsrichtungen an. Handelskarawanen und Schiffskonvois sollen von Vineta bis zum Mittelmeer und darüber hinaus gereist sein. Von weither kamen Kaufleute, Adlige und Gelehrte, um in Vineta Geschäfte zu machen, Wissen auszutauschen und die prunkvollen Bauten zu bestaunen.
Einige Chronisten beschrieben die Baukunst von Vineta als wahrhaft göttlich: Hoch aufragende Türme und Tempel, reich verzierte Säulen und goldene Kuppeln sollen das Stadtbild geprägt haben. Diese Kuppeln reflektierten das Licht der

Morgensonne auf das Wasser und ließen die Stadt in einem Glanz erstrahlen, der Reisende sprachlos machte. Ganze Viertel waren angeblich aus kostbarem Marmor gebaut, und die Straßen sollen so breit gewesen sein, dass sie Raum für Wagenzüge boten. Der Reichtum Vinetas ließ die Stadt wie ein Paradies erscheinen, in dem Überfluss und Luxus den Alltag bestimmten.

Der Mythos der Unverwundbarkeit

Vineta war jedoch nicht nur für ihren Reichtum bekannt, sondern auch für ihre Selbstgefälligkeit. In den Legenden wird von einem Volk erzählt, das nicht nur Wohlstand, sondern auch Überheblichkeit besaß. Die Bewohner sahen sich selbst als Auserwählte, die von den Göttern bevorzugt wurden und denen keine Gefahr drohte. Diese Überzeugung führte zu einem grenzenlosen Hochmut, der sich in ihrem Lebensstil widerspiegelte. Festmahle und opulente Feste dauerten oft Tage, und es heißt, dass die Bewohner in ihrer Gier und Verschwendung jedes Maß verloren hatten. Man glaubte, dass Vineta unbesiegbar war und dass weder das Meer noch die Götter die Macht hätten, die Stadt zu zerstören. Diese Arroganz führte dazu, dass die Bewohner alle Zeichen ignorierten, die auf einen drohenden Untergang hindeuteten. Warnungen von Seefahrern, die von stürmischen Winden und plötzlichen Fluten berichteten, wurden belächelt. Priester und Wahrsager, die von dunklen Visionen sprachen, wurden verlacht. Der Glaube an die eigene Überlegenheit war so tief verankert, dass die Menschen glaubten, unverwundbar zu sein – bis es zu spät war.

Das drohende Unheil und die Warnungen

Es wird berichtet, dass vor dem Untergang der Stadt unheimliche Vorzeichen zu sehen waren. Einige Überlieferungen erzählen von seltsamen Wolkenformationen, die am Horizont erschienen, und von einem aufziehenden Sturm, der tagelang über der Stadt schwebte, ohne sich fortzubewegen. Manche behaupten, das Wasser um Vineta sei ungewöhnlich ruhig und still gewesen, als ob das Meer selbst vor einer bevorstehenden Katastrophe warnen wollte. Fischer berichteten von einem Glockenläuten, das aus der Tiefe der See zu kommen schien, wie das Klingen einer unsichtbaren Kirche.
Trotz dieser Vorzeichen setzte der Hochmut der Stadtbewohner keine Grenzen. Einige Chronisten schrieben sogar, dass die Menschen in Vineta in jenen letzten Tagen noch verschwenderischer lebten und ihren Überfluss demonstrativ zur Schau stellten, als ob sie die Götter selbst herausfordern wollten. Tempelfeste, die in die Geschichte eingehen sollten, wurden veranstaltet, und die Bürger sollen die Nacht in freudigem Übermut verbracht haben, während die Zeichen des drohenden Unheils um sie herum zunahmen.

Der Fluch und der Untergang von Vineta

Die Sage berichtet, dass in einer einzigen Nacht
das Unvorstellbare geschah: Eine gewaltige Flut
überkam die Stadt, und das Meer verschlang
Vineta mit all ihren Bewohnern. Die Götter, die
den Hochmut und die Verschwendungssucht der
Stadt nicht mehr ertragen konnten, sollen einen
Sturm entfacht haben, der das Land erbeben ließ
und das Wasser über die Stadt schwappen ließ.
Einige Überlieferungen sprechen von einem
Beben, das die Erde spaltete und Vineta
verschlang, andere von einer plötzlichen
Riesenwelle, die die Stadt in den Abgrund riss.
Es heißt, dass die Bewohner in ihrem letzten
Moment erkannten, dass sie der Götter Zorn auf
sich gezogen hatten. Manche versuchen zu
fliehen, doch das Wasser hatte keine Gnade. Die
prächtigen Bauten, die goldenen Kuppeln und
die Marmorstatuen – alles versank in den dunklen
Tiefen der Ostsee. Zurück blieb nur die Stille und
das Echo der Pracht, das im endlosen Rauschen
des Meeres unterging.

Das Rätsel von Vinetas Wiederkehr

Seit dem Untergang wird erzählt, dass Vineta
manchmal im Nebel erscheint, ein gespenstischer
Anblick, der die Seeleute erschauern lässt. Fischer
und Küstenbewohner berichten, dass man in
stillen Nächten bei besonderem Mondlicht die
Umrisse der Türme und Mauern unter der
Wasseroberfläche erkennen kann. Manche
schwören, dass sie das Läuten von Glocken aus

der Tiefe gehört haben, ein Echo der
versunkenen Stadt, das die Menschen an die
Warnung der Götter erinnert.
Alte Chroniken vermerken, dass die Stadt Vineta
einmal im Jahr für einen flüchtigen Moment aus
der Tiefe auftaucht und man ihre Türme sehen
kann, bevor sie wieder im Wasser verschwindet.
Es ist der Zeitpunkt, an dem die Grenzen zwischen
der Welt der Lebenden und der Welt der Geister
besonders durchlässig sein sollen. Manche
glauben, dass die Bewohner von Vineta in dieser
kurzen Zeit um Vergebung bitten und ihre
verlorenen Seelen Ruhe finden wollen, doch sie
werden immer wieder ins Wasser zurückgezogen
– gefangen in einem endlosen Kreislauf.

Ein Mahnmal für die Nachwelt

Die Legende von Vineta hat über Jahrhunderte
hinweg die Fantasie der Menschen angeregt.
Schriftsteller, Dichter und Historiker haben
versucht, die Wahrheit hinter dem Mythos zu
finden, doch die Stadt bleibt ein Rätsel, ein
Symbol für die Hybris des Menschen. Sie mahnt
uns, dass selbst die prachtvollsten Städte und die
mächtigsten Zivilisationen dem Willen der Natur
unterworfen sind und dass kein Reichtum und
keine Macht ewig währt.
In Vineta sehen wir ein Spiegelbild der
menschlichen Schwächen, das uns daran
erinnert, dass Überfluss und Hochmut am Ende
keine bleibende Größe haben. Die Götter – oder
die Natur selbst – werden immer das letzte Wort
haben, und die Tiefen des Meeres sind voll von

Geschichten, die uns daran erinnern, dass nichts auf dieser Welt wirklich sicher ist.

Die Sage von Vineta lässt offen, ob die Stadt tatsächlich existierte oder ob sie ein warnendes Märchen ist, das die Fantasie der Menschen seit Jahrhunderten beflügelt. Doch vielleicht ist es die Ungewissheit, die Vineta so faszinierend macht. Vielleicht liegt die wahre Bedeutung dieser Legende in der Frage, die sie aufwirft: Was wäre, wenn eine solche Stadt tatsächlich existiert hätte? Und könnten wir jemals ihre Überreste finden, verborgen unter den Wellen der Ostsee?

Anmerkung des Autors:

Die Erzählungen über Vineta haben über die Jahrhunderte viele Gestalten angenommen. Einige Historiker und Chronisten glauben an eine wahre Stadt, die vielleicht sogar eine frühe Handelsmetropole war. Andere halten Vineta für eine reine Legende, ein Symbol für das Verderben durch Reichtum und Arroganz. Dieses Buch nimmt sich der Frage an: Könnte es möglich sein, dass Vineta mehr ist als nur eine Geschichte?

Kapitel 2: Die Suche nach Vineta – Historische Forschungen und Legenden

Seit Jahrhunderten beschäftigt die versunkene Stadt Vineta die Menschen entlang der Ostseeküste und darüber hinaus. Die Legende von Vineta hat Entdecker, Archäologen und Historiker dazu inspiriert, die Wahrheit hinter dem Mythos zu ergründen. Viele glaubten, dass ein so prachtvoller Ort tatsächlich existiert haben könnte und irgendwo auf dem Grund der Ostsee darauf wartet, entdeckt zu werden. Doch trotz zahlreicher Expeditionen und Spekulationen blieb Vineta ein Rätsel.
In diesem Kapitel werfen wir einen Blick auf die Geschichte der Erforschung Vinetas, auf alte Chroniken, Aufzeichnungen und die Forscher, die sich auf die Suche nach der Stadt gemacht haben. Könnte Vineta tatsächlich existiert haben? Oder ist sie nur ein Mythos, der von Generation zu Generation weitergegeben wurde?

Die ersten Chroniken und Überlieferungen

Die frühesten Erwähnungen von Vineta gehen auf das 12. Jahrhundert zurück. Der Chronist **Helmold von Bosau** erwähnte die Stadt in seiner „Slawenchronik", die von den Völkern und Siedlungen in Norddeutschland und entlang der Ostseeküste berichtet. Helmold beschreibt Vineta als eine Stadt von unermesslichem Reichtum und Bedeutung, die jedoch in den Fluten der Ostsee verschwand. Auch der Gelehrte **Adam von Bremen** erwähnte Vineta in seinen Schriften und

beschrieb die Stadt als „größer und reicher als jede andere Stadt im Norden".
Die Chroniken dieser frühen Gelehrten lassen darauf schließen, dass Vineta möglicherweise eine reale Stadt war, deren Ruhm in ganz Europa bekannt war. Doch ob Helmold und Adam tatsächlich Augenzeugenberichte oder eher Erzählungen und Überlieferungen niederschrieben, bleibt ungewiss. Die Beschreibungen der Stadt waren jedoch so lebendig und detailliert, dass sie bis heute die Fantasie anregen und den Eindruck hinterlassen, dass Vineta mehr als nur ein Märchen war.

Versuche, Vineta zu lokalisieren – Frühe Theorien

Im Laufe der Jahrhunderte entstanden zahlreiche Theorien über den genauen Standort von Vineta. Viele Forscher vermuteten, dass die Stadt irgendwo an der deutschen Ostseeküste gelegen haben könnte. Die häufigsten Hypothesen zur Lage der Stadt umfassen folgende Gebiete:

1. **Usedom und das Stettiner Haff**

   Die Nähe zur Insel Usedom und zum Stettiner Haff war eine der frühesten Theorien. Die flachen Gewässer und die Häfen in dieser Region galten schon früh als mögliche Orte für eine blühende Handelsmetropole wie Vineta. Das Stettiner Haff war in der mittelalterlichen Welt eine wichtige Handelsroute, und die Geografie der Region hätte eine große Stadt unterstützt. Zudem berichteten Fischer und Seefahrer in dieser Gegend

immer wieder von seltsamen
Erscheinungen auf dem Wasser.

2. Die Odermündung

Eine zweite Theorie verortete Vineta in der
Odermündung. Die Flüsse, die in die
Ostsee münden, wären ideal für eine
Stadt gewesen, die auf Handel und
Verkehr angewiesen war. In dieser Region
gibt es archäologische Funde, die auf
eine große Siedlung in der Wikingerzeit
hinweisen. Könnte diese Siedlung Vineta
gewesen sein, die später im Meer
versank?

3. Vor der Insel Rügen

Auch vor der Insel Rügen wurden
mögliche Überreste von Vineta vermutet.
In den Erzählungen der Fischer von Rügen
gibt es Geschichten von Glockentürmen,
die bei ruhigem Wasser unter der
Oberfläche zu sehen seien. Die alten
Seefahrtswege um Rügen und die Nähe
zur Küste könnten Vineta zu einem idealen
Standort für eine Handelsmetropole
gemacht haben.

4. Die Halbinsel Darß-Zingst

Manche Forscher vermuten Vineta in der
Nähe der Halbinsel Darß-Zingst. Hier gibt
es alte Küstenlinien und Hinweise auf
untergegangene Siedlungen, die auf
einen möglichen Standort hindeuten. Die
Region weist geologische Formationen
auf, die eine größere Ansiedlung
unterstützt haben könnten.

5. **Dänisches Seeland und Südschweden**
Einige Theorien verorten Vineta weiter nördlich, nahe Dänemark oder Südschweden. Diese Annahmen basieren auf nordischen Überlieferungen und den engen Handelsverbindungen zwischen den skandinavischen Völkern und den südlichen Küsten der Ostsee. Diese Theorien sind jedoch weniger verbreitet und haben weniger archäologische Unterstützung.

Frühe Expeditionen und gescheiterte Versuche
Mit der Entdeckung neuer technischer Möglichkeiten im 19. Jahrhundert begann die systematische Erforschung der Ostsee. Entdecker und Forscher, die von den Legenden und Chroniken inspiriert waren, starteten zahlreiche Expeditionen, um das Geheimnis von Vineta zu lüften. Die ersten dokumentierten Expeditionen zur Suche nach der Stadt fanden um das Jahr 1860 statt. Der Archäologe **Johann Magnus von Kühlmann** führte eine der ersten Untersuchungen durch, in der er den Küstenbereich von Usedom kartierte und Berichte von Fischern sammelte, die von seltsamen Erscheinungen im Wasser erzählten.

Im frühen 20. Jahrhundert versuchte der deutsche Archäologe **Dr. Friedrich Liebermann**, mit Tauchtechnik und primitivem Sonar die Unterwasserlandschaft vor Rügen zu kartieren. Sein Bericht, veröffentlicht 1923, beschreibt ungewöhnliche Felsformationen unter Wasser, die er als „mögliche Mauerreste" interpretierte. Doch

seine Ergebnisse wurden damals von der Wissenschaftsgemeinschaft als ungenügendes Indiz abgetan, und Liebermanns Expedition blieb ohne wissenschaftliche Anerkennung.
In den 1980er Jahren startete die deutsche Meeresforscherin **Dr. Ingrid Voss** ein erneutes Projekt. Sie nutzte verbesserte Sonartechniken und hatte Zugang zu militärischem Equipment, um den Grund der Ostsee in der Nähe des Stettiner Haffs zu erkunden. Ihre Expedition entdeckte tatsächlich Anomalien auf dem Meeresboden – ungewöhnliche Gesteinsformationen und Muster, die auf menschliche Aktivitäten schließen ließen. Voss veröffentlichte ihre Ergebnisse in einer wissenschaftlichen Zeitschrift, doch die Funde waren nicht eindeutig genug, um die Existenz von Vineta zu beweisen. Dr. Voss vermutete jedoch, dass die Umgebung um Usedom und das Stettiner Haff tatsächlich Spuren einer versunkenen Siedlung enthalten könnte.

Archäologische Funde und moderne Techniken

Die fortschreitende Entwicklung von Sonartechnologie, Unterwasserkartografie und Tauchrobotik hat in den letzten Jahrzehnten neue Möglichkeiten eröffnet. Archäologen und Meeresforscher arbeiten heute eng zusammen, um den Meeresboden der Ostsee genauer zu erforschen. Projekte wie das EU-geförderte **Baltic Sea Survey** untersuchen gezielt die Küstenregionen und sammeln Daten über mögliche archäologische Fundstellen.

Eine der jüngsten Expeditionen, **das Baltic Explorers Project**, entdeckte bei einer Kartierung des Stettiner Haffs im Jahr 2019 rechteckige Strukturen, die teilweise mit Sand bedeckt waren. Die Fundstelle wurde weiter untersucht, und Proben vom Meeresboden zeigten Reste von Holzkohlen und bearbeiteten Steinen, die auf menschliche Aktivitäten hinweisen. Doch die eindeutige Bestätigung für die Existenz von Vineta steht noch aus.

Moderne Theorien – Mythos oder Realität?

Heute existieren zwei Lager unter den Wissenschaftlern: Jene, die Vineta für einen realen Ort halten, und solche, die die Stadt als mythologisches Symbol interpretieren. Die Legenden könnten auf eine antike Handelsstadt zurückgehen, die einst an den Ufern der Ostsee florierte, bevor sie durch Naturkatastrophen oder Veränderungen im Meeresspiegel versank. Andere wiederum glauben, dass Vineta eine Metapher für den menschlichen Hochmut ist und als mythologisches Warnsymbol erschaffen wurde.
Einige Wissenschaftler vertreten die Ansicht, dass die Legende von Vineta aus einer Kombination von realen Ereignissen und Geschichten über verschiedene versunkene Siedlungen entstanden ist. Die Ostsee war immer eine dynamische Region mit ständigen geologischen Veränderungen. Es könnte gut sein, dass Vineta ein Spiegelbild mehrerer solcher Siedlungen ist,

die sich über die Jahrhunderte in den
Erzählungen vereinten.

Fazit des Kapitels

Vineta bleibt ein Rätsel – eine Stadt, deren
Existenz möglich, aber bis heute nicht bewiesen
ist. Die Mythen und Legenden halten sich
hartnäckig, und die zahlreichen Expeditionen
haben zumindest die Vorstellung davon lebendig
erhalten, dass unter den Wellen der Ostsee noch
immer Geheimnisse schlummern. Ob Vineta
tatsächlich existiert oder nur eine Legende ist,
bleibt ungeklärt, doch die Sehnsucht nach ihrer
Entdeckung treibt die Menschen bis heute an.

Anmerkung des Autors:

Vineta fasziniert uns, weil sie sowohl ein Symbol für
Hochmut und Strafe als auch für verlorenes
Wissen und eine verborgene Geschichte ist. Jene,
die sich auf die Suche nach der Stadt begeben,
suchen nicht nur nach physischen Überresten,
sondern auch nach der Antwort auf eine tiefere
Frage: Gibt es in der modernen Welt noch immer
Platz für Wunder?

Kapitel 3: Die Entdeckung der Geoglyphen – Zeichen der Vergangenheit

Im Jahr 2023 kam es zu einer der aufregendsten Entdeckungen in der Geschichte der Vineta-Forschung. Bei einem Überflug über die Küstenregion von Usedom entdeckte der Historiker und Forscher **Herold zu Moschdehner** im Boden ungewöhnliche Formen, die später als Geoglyphen identifiziert wurden. Diese riesigen Bodenmarkierungen waren aus der Luft deutlich zu sehen und schienen einer alten, vergessenen Zivilisation zuzugehören. Moschdehner, der seit Jahren auf der Suche nach Beweisen für die Existenz von Vineta war, erkannte sofort das Potenzial dieser Entdeckung.
Die Geoglyphen bestanden aus riesigen Kreisen, Pfeilen und anderen symbolischen Formen, die in präzisen Mustern angeordnet waren. Doch das Bemerkenswerteste war, dass alle diese Symbole in Richtung Meer wiesen – als ob sie den Weg zu etwas versunkenen Geheimnissen im Wasser anzeigten. Moschdehners Entdeckung sorgte für Aufsehen in der Archäologie und führte zu einer Reihe von Untersuchungen und Expeditionen, um die Bedeutung dieser Geoglyphen zu ergründen.

Die erste Sichtung – Ein Flug mit weitreichenden Folgen

Es war ein klarer Sommermorgen, als Herold zu Moschdehner in einem kleinen Leichtflugzeug über die Küste von Usedom flog. Moschdehner, ein passionierter Historiker mit einer Faszination für

die Sagenwelt des Nordens, hatte die Gegend
bereits mehrfach überflogen, stets auf der Suche
nach Hinweisen auf verlorene Kulturen. Doch an
diesem Tag schien das Licht genau richtig zu sein,
denn als er die Küstenlinie überflog, bemerkte er
große, kreisförmige Formationen im Boden.
Die Kreise waren deutlich sichtbar, perfekt
symmetrisch und umgeben von kleineren
Formen, die wie Pfeile oder Wegweiser aussahen.
Moschdehner spürte, dass dies keine natürlichen
Formationen waren. Schnell griff er zur Kamera
und machte eine Reihe von Luftaufnahmen, die
später analysiert wurden. Die Entdeckung ging
schnell durch die Medien und sorgte für eine
Welle von Spekulationen: Waren dies Hinweise
auf Vineta? War die versunkene Stadt vielleicht
doch real und hatte diese Zeichen in der Erde
hinterlassen, bevor sie im Meer versank?

**Eine Karte ins Meer? Die Bedeutung der
Geoglyphen**

Nachdem die ersten Aufnahmen analysiert
waren, begannen Archäologen und Historiker,
die Geoglyphen genauer zu untersuchen. Die
Markierungen schienen ein Muster zu bilden, das
in Richtung Ostsee zeigte, als ob es eine alte
Route oder einen Wegweiser darstellte. Die
größten Kreise waren etwa 50 Meter im
Durchmesser, umgeben von kleineren Kreisen
und pfeilförmigen Strukturen, die auf die
Küstenlinie und das Meer hinauszeigten.
Dr. Helene Falk, eine Expertin für prähistorische
Kunst und Symbolik, untersuchte die Geoglyphen

und stellte eine Theorie auf: Die Symbole könnten eine Art Karte oder Navigationshilfe gewesen sein, die den Weg zu einer Stadt unter dem Wasser zeigte. Sie vermutete, dass die Menschen, die diese Zeichen hinterließen, die Küstenlinie als heilig ansahen und die Symbole als eine Art Schutzschild errichteten, um den Zugang zur Stadt zu bewachen. Falks Theorie besagt, dass diese Zeichen ein rätselhaftes Wissen verkörpern, das sich bis heute unserem Verständnis entzieht. Eine weitere Theorie schlägt vor, dass die Geoglyphen möglicherweise einen rituellen Zweck erfüllten und als Symbol für den Übergang vom Land ins Wasser dienten. Die Pfeile und Kreise könnten dazu gedacht gewesen sein, Reisenden oder Pilgern zu zeigen, wo Vineta einst lag und wo die Stadt in den Fluten verschwand. Einige Forscher sehen darin eine Art Pilgerpfad, der darauf hinweist, dass Vineta nicht nur eine Handelsmetropole war, sondern auch ein Ort spiritueller Bedeutung.

Die Entdeckung der versunkenen Straße

Nach der Entdeckung der Geoglyphen rückte die Gegend um Usedom in den Fokus weiterer Untersuchungen. Die nächsten Expeditionen konzentrierten sich auf die Umgebung und führten schließlich zu einem weiteren außergewöhnlichen Fund: Eine alte, in den Boden eingelassene Straße, die direkt ins Meer führte. Die Straße war größtenteils von Sand und Schlamm bedeckt, aber Teile des Pflasters waren erhalten und enthüllten erstaunliche Details.

Diese Straße, die von Archäologen „die Weg der Tiefe" genannt wurde, schien wie eine antike Autobahn – sie war breit genug, um mehreren Wagen Platz zu bieten, und zeigte Spuren sorgfältiger Steinmetzarbeit. Forscher entdeckten sogar verwitterte Symbole auf einigen der Pflastersteine, die möglicherweise alte Wegweiser oder Markierungen für Reisende waren. Das Besondere war, dass die Straße nach etwa 300 Metern im Meer verschwand und immer tiefer in den Ozean führte.
Dieser Fund warf neue Fragen auf: Führte diese Straße tatsächlich zu Vineta? War sie Teil einer Handelsroute oder ein geheimes Tor zur Stadt? Oder handelte es sich um eine Pilgerstraße, die von den Bewohnern zu besonderen Anlässen genutzt wurde?

Geoglyphen und Straße – Ein zusammenhängendes Rätsel

Die Kombination aus den Geoglyphen und der versunkenen Straße weckte bald die Vermutung, dass diese Entdeckungen zusammenhängen könnten. Ein Archäologenteam der Universität Rostock, unter Leitung von **Prof. Dr. Richard Meurer**, formulierte die Theorie, dass die Geoglyphen und die Straße Teil eines großen Komplexes waren, der auf eine reiche und gut organisierte Kultur hindeutet. Meurer und sein Team gingen davon aus, dass die Geoglyphen eine Art „Schlüssel" waren, um die Richtung und Bedeutung der Straße zu deuten.

Die Forscher spekulierten, dass die Straße einst zu einem bedeutenden Heiligtum oder Handelszentrum führte, möglicherweise zu Vineta selbst. Die Pfeilformen, die von den Geoglyphen ausgehen und zur Küste weisen, könnten als Wegweiser oder Zeichen gedacht gewesen sein, die den Reisenden den Weg zur Stadt zeigten. Die Entdeckung der Straße verstärkte die Hoffnung, dass weitere Forschungen tief im Meer eine Antwort auf das Geheimnis der versunkenen Stadt bringen könnten.

Genehmigungen und der Beginn einer neuen Expedition

Angesichts des großen Interesses und der Bedeutung dieser Entdeckungen wurden bald Genehmigungen für eine umfassende Expedition beantragt. Die Genehmigungsprozesse erwiesen sich jedoch als langwierig, da die fraglichen Gebiete unter Naturschutz standen und einige Forscher vor möglichen Schäden an der maritimen Umwelt warnten. Doch die Aussicht auf die Entdeckung von Vineta und die wissenschaftliche Bedeutung der Funde setzte sich schließlich durch. Mit finanzieller Unterstützung von Universitäten und privater Stiftungen wurde eine groß angelegte Expedition ins Leben gerufen.
Das Forschungsteam plante, die Straße bis in die Tiefe des Meeres zu verfolgen und mit hochmodernen Unterwasserrobotern und Sonartechnologie den Meeresboden zu kartieren. Sollte die Straße tatsächlich zu einer größeren

Struktur oder gar einer Stadt führen, würde dies
die bedeutendste archäologische Entdeckung in
der Ostsee seit Jahrhunderten darstellen.

Ein Kapitel der Möglichkeiten

Die Entdeckung der Geoglyphen und der
versunkenen Straße eröffnete ein ganzes
Spektrum an Fragen und Möglichkeiten. Was,
wenn diese Zeichen tatsächlich auf Vineta
hinwiesen? Die nächsten Expeditionen würden
vielleicht Licht ins Dunkel bringen und eine
Jahrhunderte alte Frage beantworten.
Die Forscher stehen am Beginn einer Reise, die sie
tief in die Vergangenheit und vielleicht zur
verlorenen Stadt Vineta führen könnte. Ein Kapitel
der Geschichte, das lange nur in Sagen und
Legenden existierte, scheint nun greifbarer denn
je. Die Geoglyphen, die Straße und das
unergründliche Meer sind Schlüssel zu einem
Rätsel, das vielleicht bald gelöst wird.

Anmerkung des Autors:

Die Funde in Usedom lassen die alte Legende
von Vineta lebendig werden. Ob die
Geoglyphen und die versunkene Straße
tatsächlich zur versunkenen Stadt führen oder
nicht – die Entdeckungen beflügeln die Fantasie
und erinnern uns daran, dass die Geschichte stets
neue Geheimnisse birgt, die darauf warten,
entdeckt zu werden.

Kapitel 4: Die ersten archäologischen Funde – Artefakte und Überreste einer vergessenen Zivilisation

Die Entdeckung der versunkenen Straße und der Geoglyphen öffnete eine Tür zur Vergangenheit, doch es waren die Funde entlang dieser Straße, die die Forscher wirklich sprachlos machten. Kaum hatten die Archäologen mit der Freilegung der Straße begonnen, förderten sie eine erstaunliche Anzahl von Artefakten zutage, die ein Bild einer komplexen, fortschrittlichen Zivilisation zeichneten. Es war, als hätte das Meer selbst diese Schätze jahrhundertelang behütet und nun preisgegeben, um endlich die Geschichte von Vineta zu erzählen.

Der erste Fund – Werkzeuge und Keramikscherben

Die ersten archäologischen Funde entlang der Straße waren unscheinbar, doch bereits vielversprechend. Unter den Sandschichten kamen Keramikscherben und Werkzeuge zum Vorschein, die offenbar von Hand gefertigt und in feiner Handwerkskunst verziert waren. Die Formen und Muster erinnerten an antike Kulturen des Mittelmeerraums und ließen darauf schließen, dass die Erbauer der Straße zumindest mit diesen Kulturen in Kontakt standen.
Einige der Keramikscherben trugen seltsame Zeichen, die wie Schriftzeichen wirkten, jedoch keiner bekannten Schriftart zugeordnet werden konnten. **Prof. Dr. Helene Falk**, die Archäologin,

die die Expedition leitete, mutmaßte, dass diese
Zeichen eine Form von Schrift darstellten, die
möglicherweise zur Aufzeichnung religiöser oder
zeremonieller Texte diente. Die Fundstücke, deren
Alter auf über tausend Jahre geschätzt wurde,
deuteten auf eine hoch entwickelte Kultur hin,
die nicht nur einfache Handelsgüter, sondern
auch eine eigene Symbolik besaß.

Metallobjekte und eine mysteriöse Scheibe

Während die Archäologen weiter gruben, stießen
sie auf Metallgegenstände, die in erstaunlich
gutem Zustand waren. Unter ihnen befand sich
eine flache, runde Scheibe mit einer
aufwendigen Gravur, die die Forscher zunächst
für eine dekorative Plakette hielten. Doch als die
Scheibe gereinigt und detaillierter untersucht
wurde, erkannte das Team, dass es sich um ein
komplexes Muster handelte – ein Muster, das
möglicherweise als Karte oder als symbolische
Darstellung von etwas Bedeutungsträchtigem
diente.
Dr. Klaus Reuter, Experte für alte Metallarbeiten,
vermutete, dass die Scheibe ein
Navigationsinstrument sein könnte oder sogar
eine Art „Karte" darstellte, die auf den Ort
Vinetas hinwies. Die Gravuren, die eine Mischung
aus geometrischen Formen und sich
überlappenden Kreisen bildeten, ähnelten den
Geoglyphen, die auf Usedom entdeckt worden
waren. Diese Verbindung ließ die Forscher
glauben, dass die Erbauer der Straße die

Geoglyphen als Markierungen für Reisende nutzten, um ihnen den Weg zu weisen.

Münzen mit unbekannten Prägungen und eine bronzene Figur

Einer der spannendsten Funde war eine Sammlung von Münzen, die neben der Straße in einem irdenen Gefäß entdeckt wurden. Die Prägungen auf den Münzen zeigten Symbole und Figuren, die bislang in keiner anderen Kultur entdeckt worden waren. Die Münzen trugen Tierdarstellungen und geometrische Formen, die sich von bekannten Währungen der Zeit deutlich unterschieden. Eine besonders große Münze zeigte das Abbild eines Kriegers mit einer Kopfbedeckung, die einem Adler ähnelte. „Diese Münzen sind ein Schlüssel zu einer ganz neuen Zivilisation", bemerkte Prof. Falk, während sie die Prägungen analysierte. „Das ist keine einfache Handelsware. Diese Münzen symbolisieren Macht und vielleicht auch eine Hierarchie innerhalb der Gesellschaft, die diese Stadt regierte."
Neben den Münzen wurde auch eine bronzene Figur entdeckt, etwa 20 Zentimeter hoch, die eine seltsame, humanoide Gestalt darstellte. Die Figur schien eine Art Maske oder Helm zu tragen und trug ein ungewöhnliches Symbol auf der Brust – zwei überlappende Kreise, ähnlich jenen, die auf den Geoglyphen zu sehen waren. Die Forscher konnten das Symbol nicht entschlüsseln, doch die Figur selbst schien eine Art Wächter zu symbolisieren. „Möglicherweise ist dies ein Abbild

eines Schutzgottes oder eines spirituellen Führers dieser Kultur", spekulierte Dr. Reuter.

Die Entdeckung des Goldenen Siegels

Der größte Fund kam jedoch, als die Archäologen auf ein kleines goldenes Siegel stießen, das sich tief unter den Schichten aus Sand und Geröll versteckt hatte. Das Siegel war außergewöhnlich fein gearbeitet und trug Symbole, die weder den anderen Funden noch bekannten Schriftzeichen entsprachen. Auf den ersten Blick wirkte es wie eine kostbare Verzierung, doch bei genauerem Hinsehen entdeckte das Team eine Art verschlüsselte Gravur, die von einer Sprache zeugte, die vielleicht nur die Bewohner von Vineta selbst verstehen konnten.
Prof. Falk, die das Siegel in der Hand hielt, war überzeugt, dass dieses Artefakt eine besondere Bedeutung hatte. „Das Siegel scheint ein Symbol für Herrschaft oder Besitz zu sein", erklärte sie. „Vielleicht handelt es sich um das Siegel eines Herrschers, der die Stadt Vineta regierte." Das Siegel, in dessen Mitte sich das Symbol eines Kreises mit einem kleinen Punkt befand, erinnerte die Forscher an alte keltische Symbole und brachte sie zu der Überzeugung, dass Vineta vielleicht eine zentrale Rolle in einem Netzwerk von Kulturen spielte, das weit über die Ostsee hinausging.

Ein Fragment einer Inschrift – „Die Stadt der Gezeiten"

Während der Expedition fand das Team schließlich das Fragment einer Inschrift, das auf einen großen Steinblock nahe der Straße eingemeißelt war. Der Text war größtenteils verwittert und in einer unbekannten Sprache, doch ein Teil des Textes konnte entziffert werden und sorgte für Faszination und Verwunderung: „... die Stadt der Gezeiten, verborgen und bewahrt durch das ewige Meer ..."
Die Entdeckung dieser Worte versetzte die Forscher in Staunen. Diese kurze, rätselhafte Inschrift weckte sofort den Verdacht, dass die Stadt Vineta tatsächlich existiert haben könnte und dass die Menschen von dieser Stadt sie als „Stadt der Gezeiten" kannten. Diese poetische Bezeichnung könnte darauf hindeuten, dass die Bewohner von Vineta das Wasser und die Gezeiten verehrten oder dass die Stadt eine besondere Verbindung zum Meer hatte – vielleicht als Schutz oder als spirituelle Kraftquelle.

Ein Netz von Straßen und Gebäudefundamenten

Während die Forscher weiter gruben, entdeckten sie zudem die Fundamente weiterer kleinerer Gebäude und Überreste eines Wegesystems, das von der Hauptstraße abzweigte. Es schien, als ob die Straße einst Teil eines weitläufigen Netzes war, das sich durch eine ganze Stadt erstreckte und möglicherweise den gesamten Küstenbereich verband. Einige der Überreste deuteten darauf

hin, dass die Gebäude aus massivem Stein
errichtet waren und sich in einem gleichmäßigen
Raster über das Gelände verteilten.
Die Forscher spekulierten, dass dies Überreste
eines Handelshafens oder eines zentralen
Marktplatzes sein könnten, wo Kaufleute aus der
gesamten Ostsee zusammenkamen, um Waren
zu tauschen und Verbindungen zu knüpfen.

Die Bedeutung der Funde – Ein verlorenes Erbe

Die Funde, die entlang der Straße zutage
gefördert wurden, werfen ein neues Licht auf die
Legende von Vineta. Sie zeigen, dass die Stadt
nicht nur ein Symbol für Reichtum war, sondern
ein Zentrum einer Zivilisation, die vielleicht weit
mehr war als eine blühende Handelsmetropole.
Die komplexen Symbole, die Metallarbeiten und
das goldene Siegel lassen vermuten, dass die
Menschen von Vineta ein tiefes Wissen über
Metallurgie, Architektur und symbolische Sprache
besaßen, das ihrer Zeit weit voraus war.
Die Artefakte, die nun in einem gesicherten
Bereich der Universität Rostock aufbewahrt
werden, sind ein erster Hinweis darauf, dass die
versunkene Stadt Vineta tatsächlich mehr war als
nur eine Legende. Es ist, als ob die Ostsee selbst
beschlossen hätte, den Schleier der
Vergangenheit zu lüften und ein letztes
Geheimnis preiszugeben – ein Geheimnis, das
vielleicht schon immer darauf gewartet hatte,
von den Menschen wiederentdeckt zu werden.

Anmerkung des Autors:
Die Entdeckungen entlang der Straße lassen
vermuten, dass wir nur an der Oberfläche
kratzen. Was tief unter den Wellen der Ostsee
verborgen liegt, könnte der Schlüssel sein, um das
Geheimnis von Vineta endgültig zu entschlüsseln.

Kapitel 5: Die geheimnisvolle Unterwasser-Expedition – Die Tiefen der Ostsee

Nach den sensationellen Funden entlang der Straße und den Geoglyphen an Land waren die Erwartungen an die erste umfassende Unterwasser-Expedition hoch. Die Forscher hatten Genehmigungen erhalten, um tiefer ins Wasser vorzudringen und mit modernster Technik die Spuren zu verfolgen, die die Straße ins Meer hinaus fortsetzte. Ausgestattet mit fortschrittlichen Unterwasserrobotern und neuester Sonartechnologie, bereitete sich das Team darauf vor, das Gebiet unterhalb der Wasserlinie zu kartieren und mögliche Strukturen oder Überreste der versunkenen Stadt Vineta aufzuspüren.
Die Expedition versprach, Antworten zu liefern, und doch waren die Forscher von der Ungewissheit geplagt: Was würden sie wirklich finden? Die Sage von Vineta war Jahrhunderte alt, aber die Fundstücke an Land hatten gezeigt, dass zumindest Teile der Legende auf Wahrheit beruhen könnten. Würde der Meeresboden ihnen nun das endgültige Geheimnis preisgeben?

Die ersten Tauchgänge – Geheimnisvolle Strukturen

Der erste Tauchgang brachte die Forscher bereits an die Grenzen ihrer Vorstellungskraft. Kaum war der Unterwasserroboter in die Tiefe abgetaucht, begann die Sonartechnik seltsame, rechteckige

und runde Strukturen auf dem Meeresgrund zu erfassen. Auf den Monitoren erschienen Umrisse, die klar zu erkennen waren: Überreste von Gebäuden, die von Sand und Algen bedeckt waren und in merkwürdiger Regelmäßigkeit angeordnet schienen. Einige der Strukturen waren mit Felsen eingefasst, andere sahen aus wie Grundmauern, die einst ein Netzwerk von Straßen und Plätzen umgaben.
„Es sieht aus wie eine Karte einer Stadt," murmelte **Dr. Falk**, als sie die Monitorbilder studierte. Die Entdeckung ließ das Team erstarren – war dies das erste handfeste Indiz für Vineta? Die Strukturen waren über mehrere hundert Meter verteilt, und die klaren, symmetrischen Linien deuteten darauf hin, dass hier einst Gebäude oder Mauern standen. Die Forscher beschlossen, die Tauchgänge zu intensivieren und die Struktur der Überreste genauer zu erfassen.

Der Tempel der Gezeiten

Während eines der Tauchroboter tiefere Bereiche des Meeresbodens untersuchte, stieß er auf eine Struktur, die größer und imposanter war als alles, was das Team zuvor gesehen hatte. Der Bereich wirkte wie das Fundament eines großen Gebäudes, vielleicht sogar ein Tempel, der in der Mitte der versunkenen Stadt gelegen haben könnte. Die Struktur, die das Team „Tempel der Gezeiten" nannte, war von mächtigen Säulenresten umgeben, die, obwohl beschädigt, eine gewisse Monumentalität ausstrahlten.

An den Säulen entdeckte der Tauchroboter
eingravierte Muster, die entfernt an Wellen und
Flussmuster erinnerten. Einige Forscher
spekulierten, dass dieser Tempel eine Art
Heiligtum gewesen sein könnte, das den
Bewohnern von Vineta als Ort der Verehrung des
Meeres diente. „Es sieht aus, als hätten die
Menschen Vinetas das Meer als göttlich verehrt,"
sagte **Dr. Falk**. „Vielleicht sahen sie die Gezeiten
als lebendigen Ausdruck einer höheren Macht."
Die Entdeckung dieses „Tempels der Gezeiten"
verstärkte die Annahme, dass Vineta nicht nur
eine Stadt, sondern ein spirituelles Zentrum war,
dessen Bewohner die Naturkräfte als heilig
ansahen.

Seltsame Reliefs und rätselhafte Symbole

Als der Tauchroboter näher an die Säulen
heranzoomte, offenbarte sich ein weiteres
Geheimnis: Über die Reste des Tempels waren
seltsame Reliefs und Symbole eingraviert. Die
Muster ähnelten jenen, die auf der Goldenen
Scheibe an Land gefunden worden waren, aber
sie waren deutlich komplexer und schienen eine
Art rätselhafte Sprache zu bilden. Einige der
Symbole waren miteinander verbunden und
wirkten wie stilisierte Darstellungen von
Wasserströmen, Wellen und Kreisen, die die
zyklischen Bewegungen des Meeres darstellten.
Die Forscher versuchten, diese Symbole zu
interpretieren, doch ohne Vergleichsmaterial war
es schwierig, eine klare Bedeutung zuzuordnen.
Ein Symbol jedoch fiel besonders ins Auge: Es

zeigte eine Art Spirale, die in einem zentralen Punkt endete und an die Form einer Gezeitenspirale erinnerte. Dieses Symbol wiederholte sich an mehreren Stellen und wurde in besonders präziser Arbeit ausgeführt, als sei es von großer Bedeutung gewesen.

Einige Forscher vermuteten, dass es sich um eine Art Schutzsymbol handelte – ein Zeichen, das die Stadt Vineta in den Armen des Meeres bewahren sollte. Andere gingen so weit zu spekulieren, dass die Bewohner von Vineta möglicherweise an eine Art göttlichen Ursprung der Gezeiten glaubten und die Spirale als Symbol für ihre spirituelle Verbindung zur See verwendeten.

Die Entdeckung von Gräbern und Artefakten

Während die Forscher den Tempel weiter erkundeten, stießen sie auf eine Reihe von Gräbern, die entlang der Hauptstraße angeordnet waren. Die Gräber waren von Steinplatten bedeckt und enthielten eine Vielzahl von Grabbeigaben, die im Meer erstaunlich gut erhalten geblieben waren. Einige der Funde waren Schmuckstücke und Waffen, die Hinweise auf den sozialen Status und die Handwerkskunst der Bewohner von Vineta gaben. Besonders auffällig waren Anhänger und Armreifen aus Bronze, die kleine eingravierte Symbole aufwiesen – Spiralen und Wellen, die jenen des Tempels ähnelten.

In einem der Gräber fanden die Forscher eine Art Kopfschmuck, eine filigrane Metallkrone mit Perlenbesatz, die auf eine Person von hoher

Bedeutung schließen ließ. Das Schmuckstück war fein gearbeitet und trug das Symbol der Gezeiten – eine Spirale umgeben von konzentrischen Kreisen. Es war, als hätte der verstorbene Träger diese Krone als Zeichen seiner Verbindung zum Meer getragen, ein Zeichen der Herrschaft oder des Schutzes.

Die Entdeckung dieser Gräber und ihrer Artefakte ließ die Forscher vermuten, dass Vineta eine hochentwickelte Gesellschaft hatte, in der Religion und sozialer Status eine zentrale Rolle spielten. Die Grabbeigaben deuteten darauf hin, dass die Bewohner von Vineta auch im Tod ihre Verbindung zur Stadt und zum Meer bewahren wollten.

Der Ruf der Glocken – Mysteriöse Klänge aus der Tiefe

Eines der seltsamsten Erlebnisse der Expedition ereignete sich, als die Taucher in die Nähe des Tempels kamen. Einige der Taucher berichteten, dass sie ein seltsames Läuten oder Klingen hörten, das tief aus dem Wasser zu kommen schien. Das Geräusch war kaum wahrnehmbar, aber eindeutig. Es klang wie das entfernte Läuten einer Glocke, ein unheimlicher Klang, der durch das Wasser hallte und den Taucher eine Gänsehaut verursachte.

„Es war, als ob die Stadt selbst versuchte, uns eine Botschaft zu senden," sagte **Dr. Falk**. „Vielleicht sind es die Geister von Vineta, die noch immer in den Ruinen verweilen."

Die Herkunft des Glockenläutens konnte nicht eindeutig geklärt werden, doch die Berichte mehrerer Taucher führten dazu, dass die Forscher das Phänomen dokumentierten und weitere Untersuchungen anstellten. Es wurde spekuliert, dass es sich um eine akustische Illusion handeln könnte, verursacht durch bestimmte Frequenzen und Druckverhältnisse unter Wasser, doch die mysteriöse Erscheinung trug zur Legende von Vineta bei.

Das finale Puzzle – Eine versiegelte Kammer

Am Ende der Expedition, als die Forscher den Tempel und seine Umgebung weiter erforschten, stießen sie auf eine versiegelte Kammer, die tief unter den Überresten des Tempels verborgen lag. Diese Kammer war mit schweren Steinplatten verschlossen und zeigte das Symbol der Gezeiten, umgeben von Spiralgravuren und konzentrischen Kreisen.
Die Forscher waren sich sicher, dass diese Kammer ein bedeutendes Geheimnis verbarg. Die Wände der Kammer waren mit gravierten Tafeln bedeckt, die eine Geschichte oder ein Ritual zu erzählen schienen. Die Expedition endete, bevor die Kammer vollständig geöffnet werden konnte, doch das Team plante bereits eine Rückkehr, um die Untersuchungen fortzusetzen.

Der Beginn eines neuen Mysteriums

Die Entdeckungen der Unterwasser-Expedition
stellten alles in Frage, was man bis dahin über
Vineta geglaubt hatte. War dies die legendäre
Stadt, die einst in den Tiefen der Ostsee
verschwand? Die Geoglyphen, die Straße und
die Überreste des Tempels schienen die Sage zu
bestätigen, doch die neuen Rätsel – das
Glockenläuten, die Symbole und die versiegelte
Kammer – warfen mehr Fragen auf, als sie
beantworteten.
Die Forscher verließen die Küste mit dem Wissen,
dass ihre Arbeit gerade erst begonnen hatte. Die
Stadt Vineta, die jahrhundertelang nur eine
Legende gewesen war, schien nun greifbarer als
je zuvor – und doch blieb sie voller Geheimnisse,
verborgen in den Tiefen der Ostsee und in den
Schatten der Geschichte.

Anmerkung des Autors:

Die Unterwasser-Expedition hat gezeigt, dass das
Meer weit mehr ist als eine Grenze zwischen Land
und Wasser. Es ist ein Archiv der Vergangenheit ,
das darauf wartet, seine Geschichten zu
enthüllen. Die Überreste, die von den Tauchern in
der Tiefe gefunden wurden, sind mehr als nur
Hinweise auf eine untergegangene Stadt; sie sind
Botschaften aus einer Zeit, in der das Verhältnis
der Menschen zur Natur, zu den Gezeiten und
zum Geheimnis des Lebens eine zentrale Rolle
spielte.

Die Entdeckungen, die bisher gemacht wurden, öffnen ein Fenster in eine verlorene Welt, in der Glaube und Wissen miteinander verschmolzen. Der Tempel der Gezeiten, die rätselhaften Symbole, die versiegelte Kammer und das unerklärliche Glockenläuten stellen uns vor die Frage, ob wir jemals vollständig verstehen können, was in den Tiefen der Ostsee verborgen liegt. Vineta bleibt ein Ort des Staunens, eine Stadt, die uns immer wieder vor Augen führt, dass die Grenze zwischen Realität und Mythos fließend ist.

Kapitel 6: Der Fluch der Stadt – Mythen, Mysterien und übernatürliche Erscheinungen

Die Entdeckung Vinetas in den Tiefen der Ostsee hat nicht nur wissenschaftliches Interesse geweckt; sie hat auch eine Vielzahl von Mythen und übernatürlichen Geschichten neu entfacht, die um die Stadt und ihren geheimnisvollen Untergang ranken. Viele der Archäologen und Forscher, die an den Ausgrabungen beteiligt waren, berichteten von unerklärlichen Vorkommnissen und Phänomenen, die sich rund um die Expeditionen ereigneten.
Von nächtlichem Glockenläuten bis hin zu seltsamen Erscheinungen auf dem Wasser: Die alte Legende von Vineta scheint nicht nur eine historische Wahrheit zu besitzen, sondern auch eine übernatürliche Kraft. In diesem Kapitel werden die Geschichten und Erfahrungen der Forscher und Einheimischen dokumentiert, die davon berichten, wie Vineta immer wieder aus den Tiefen aufzutauchen scheint und die Grenzen der Realität verschwimmen lässt.

Die Erzählungen der Fischer – Eine Stadt im Nebel

Die Legende von Vineta war schon immer mit der Vorstellung verbunden, dass die Stadt manchmal unter bestimmten Bedingungen aus den Tiefen des Meeres auftaucht. Einheimische Fischer erzählen, dass in besonders nebligen Nächten am frühen Morgen oder bei Vollmondschein am Horizont die Umrisse von Türmen und Mauern im Nebel erscheinen. Diese Erscheinungen seien flüchtig, kaum wahrnehmbar, und verschwinden meist, sobald jemand sie genauer betrachten will.

Ein Fischer aus der Gegend um Usedom berichtete, dass er bei einer solchen Nebelerscheinung ein Glockenläuten hörte – ein tiefes, dröhnendes Geräusch, das aus dem Wasser zu kommen schien. Als er versuchte, näher heranzufahren, lichtete sich der Nebel, und die Erscheinung verschwand. „Es war, als ob die Stadt selbst lebendig wäre," erzählte er später. „Als ob sie uns einen Blick in ihre Welt gewährt und uns dann wieder abweist."

Diese Erzählungen verbreiteten sich schnell und wurden zu einem festen Bestandteil der Folklore der Küstenregion. Die Einheimischen sprechen vom „Glockenläuten von Vineta", einem Klang, der angeblich die verlorenen Seelen der Stadt repräsentiert, die in den Tiefen gefangen sind und auf Erlösung warten.

Unerklärliche Phänomene während der Expedition

Auch die Forscher, die an der Ausgrabung und Untersuchung von Vineta beteiligt waren, erlebten seltsame Ereignisse. Einige Mitglieder des Teams berichteten von merkwürdigen Geräuschen während der Nacht – von leisen Stimmen und einem fernen Klingen, das durch die ruhigen Wasser trieb. Manche Forscher waren überzeugt, dass diese Geräusche aus der Tiefe kamen und auf das Vorhandensein eines übernatürlichen Phänomens hindeuteten.

Ein Vorfall, der das Team besonders beeindruckte, ereignete sich, als einer der Taucher ein seltsames Kribbeln und eine plötzliche Gänsehaut verspürte, während er sich dem „Tempel der Gezeiten" näherte. Obwohl seine Ausrüstung einwandfrei funktionierte, berichtete er später, dass er sich beobachtet und von einer unsichtbaren Kraft angezogen fühlte. „Es war, als ob ich eine Schwelle überschritten hätte," sagte er nach dem Tauchgang. „Als ob ich in eine andere Welt getreten wäre."
Die Forscher nahmen diese Erfahrungen zunächst als unerklärliche Nebenerscheinungen ihrer intensiven Arbeit wahr. Doch die Häufigkeit solcher Berichte ließ einige Teammitglieder spekulieren, dass Vineta von einem Fluch oder einer Art „Energie" umgeben ist, die ihre Geschichte und ihren Untergang bewahrt. Einige Archäologen begannen sogar, an die Theorie zu glauben, dass die Stadt aufgrund dieser übernatürlichen Kräfte vor der Entdeckung geschützt blieb.

Der Mythos des Fluchs von Vineta

Die Vorstellung eines „Fluchs von Vineta" ist tief in der Legende verankert. Viele Geschichten besagen, dass die Stadt verflucht wurde, weil ihre Bewohner den Göttern nicht die gebührende Ehrerbietung entgegenbrachten und im Überfluss lebten. Der Zorn der Götter soll sich über die Stadt entladen haben, und als Strafe wurde sie im Meer versenkt. Doch die alten Geschichten besagen auch, dass dieser Fluch nicht einfach mit der

Zerstörung endete. Vielmehr heißt es, dass die Bewohner Vinetas zu Geistern wurden, die in den Ruinen der Stadt gefangen sind, auf ewig verbannt in die Tiefe.

Einige Forscher greifen diese Legende auf und behaupten, dass der Fluch dafür verantwortlich sein könnte, dass die Stadt Vineta trotz zahlreicher Versuche so lange verborgen blieb. Die mysteriösen Phänomene und das unerklärliche Glockenläuten, das von vielen Zeugen beschrieben wurde, könnten Zeichen dieser übernatürlichen Kraft sein, die noch immer über der Stadt liegt.

Die Legende geht weiter und besagt, dass nur ein „reiner Geist" die Stadt erlösen kann – eine Person, die ohne Eigennutz und ohne Hochmut in die Tiefe hinabsteigt. Ein solcher Mensch, so heißt es, könnte den Fluch brechen und die Seelen Vinetas befreien. Doch bisher haben alle Forscher, die sich der Stadt genähert haben, nur die flüchtigen Schatten und das ferne Läuten gehört, bevor sie wieder an die Oberfläche zurückkehrten.

Begegnungen mit den „Wächtern der Tiefe"

Ein weiteres mysteriöses Element der Vineta-Sage ist die Vorstellung, dass die Stadt von sogenannten „Wächtern der Tiefe" bewacht wird. Diese Wesen werden in der Legende als übernatürliche Hüter beschrieben, die dafür sorgen, dass die Geheimnisse Vinetas nicht in die Welt der Lebenden dringen. Die „Wächter" sollen sich als unheimliche Schatten im Wasser zeigen und jeden vertreiben, der zu nah an die versunkene Stadt herankommt.

Einige der Taucher berichteten von einem Gefühl, das sie nicht beschreiben konnten – ein unheimliches Bewusstsein, als ob sie beobachtet würden. Einer der Taucher, **Tom Ritter**, erzählte später, dass er einen Schatten in den Tiefen gesehen habe, der ihm folgte, sich jedoch jedes Mal zurückzog, wenn er versuchte, ihn zu beleuchten. „Es war, als ob die Tiefe selbst einen Wächter hatte," sagte Ritter. „Etwas, das uns aus sicherer Entfernung beobachtete und sicherstellte, dass wir die Stadt nicht stören." Solche Geschichten verstärken die Legende, dass die Wächter der Tiefe echte Wesen sein könnten, die in einer anderen Realität existieren und die Grenze zwischen Vineta und der Welt der Lebenden bewachen.

Was bedeutet der Fluch für die Zukunft der Forschung?

Die Forscher, die an der Entdeckung Vinetas arbeiten, sehen sich einem Dilemma gegenüber: Einerseits haben die bisherigen Entdeckungen wissenschaftliche Beweise für die Existenz einer versunkenen Stadt erbracht, doch andererseits wächst die Überzeugung, dass Vineta eine Kraft in sich trägt, die sie vor der Welt verborgen halten möchte. Die mystischen Erscheinungen, das Glockenläuten, die seltsamen Erlebnisse der Taucher – all dies deutet darauf hin, dass Vineta ein Rätsel bleibt, das die Grenzen des Erklärbaren überschreitet.

Es gibt Diskussionen unter den Forschern, ob sie die Expeditionen fortsetzen sollen. Manche sehen darin die Gefahr, dass die Stadt und ihre Geheimnisse niemals in Ruhe gelassen werden und dass die übernatürlichen Kräfte sich stärker zeigen könnten. Andere jedoch sehen in Vineta eine unvergleichliche Chance, die Vergangenheit und das Übernatürliche zu ergründen und vielleicht eine Verbindung zu einer Welt herzustellen, die jenseits der Realität liegt.

Anmerkung des Autors:

Der Fluch von Vineta ist eine Mahnung an uns, dass die Vergangenheit und das Mystische nicht immer vollständig enthüllt werden sollen. Manchmal ist die Grenze zwischen den Welten dort, wo unsere Vorstellungskraft endet und das Mysterium beginnt. Ob Vineta jemals ganz entdeckt wird, bleibt ungewiss – doch solange die Legende lebt, bleibt auch das Mysterium der Stadt der Gezeiten lebendig.

Epilog: Der letzte Hinweis – Die Stadt im Schatten des Meeres

Nach Monaten intensiver Forschung, Tauchgängen und unzähligen Untersuchungen beschließt das Team, die letzte Expedition vorerst abzubrechen. Der Druck, Antworten zu finden, hat sich auf jeden von ihnen gelegt, doch die rätselhaften Zeichen, die geisterhaften Erscheinungen und die immer wiederkehrenden unerklärlichen Phänomene lassen sie in einer Zwickmühle zurück. Sie haben die Grenzen des wissenschaftlich Erklärbaren erreicht und doch spüren alle, dass sie nur einen Schritt von der Wahrheit entfernt sind.

Gerade als das Team beginnt, die Ausrüstung einzupacken und die Fundstücke zu katalogisieren, entdeckt einer der Forscher – **Dr. Falk** – ein rätselhaftes Muster auf einer alten Karte der Ostsee. Sie erkennt, dass die Geoglyphen und die Straße in einer Linie mit bestimmten Küstenformationen und alten Handelsrouten liegen, die alle auf einen einzigen Punkt tief im Wasser deuten. Es ist, als hätte die Natur selbst eine Karte hinterlassen, die das Team genau an den Ort führt, an dem Vineta möglicherweise ruht.

Die Entdeckung ist sowohl aufregend als auch erschütternd. „Es ist fast, als ob Vineta uns eine Botschaft senden will," flüstert Dr. Falk, während sie die Koordinaten auf der Karte mit denen der Geoglyphen abgleicht. Der Punkt, an dem alles zusammenläuft, liegt tief unter der Oberfläche, an einer Stelle, die selbst mit modernster Technik schwer zugänglich ist.

Ein letzter Blick zurück

In einem abschließenden Interview nach der Expedition erzählt Dr. Falk von ihrem unerschütterlichen Glauben, dass die Stadt Vineta existiert – verborgen und geschützt, vielleicht für immer, aber doch spürbar nahe. „Wir sind so nah herangekommen, dass es fast greifbar war," sagt sie. „Vineta ist da draußen, irgendwo im Schatten des Meeres, und vielleicht ist es uns vergönnt, nur einen Hauch ihrer Existenz zu spüren, ohne sie vollständig zu begreifen."

Das Erbe der Stadt

Die Fundstücke werden in einem Museum ausgestellt, und die Geoglyphen von Usedom werden zur Pilgerstätte für alle, die die Magie und das Geheimnis von Vineta hautnah erleben möchten. Die Legende lebt weiter und wächst – inspiriert durch die Berichte der Expedition und die rätselhaften Erlebnisse der Forscher. Das Buch endet mit einer Botschaft an alle zukünftigen Abenteurer und Forscher:
„Manche Geheimnisse sind vielleicht dazu bestimmt, verborgen zu bleiben. Doch Vineta bleibt lebendig – nicht nur im Wasser, sondern in den Herzen all jener, die noch an das Mysterium und die Magie der Welt glauben."

So bleibt Vineta ein unentdecktes, jedoch real wirkendes Mysterium. Die letzten Hinweise verdichten die Legende, ohne die Stadt selbst sichtbar zu machen, was sie für die Leser sowohl faszinierend als auch unerreichbar erscheinen lässt.